Dieses Buch gehört:

Bei diesem Buch wurden die durch das verwendete Material
und die Produktion entstandenen CO_2-Emissionen ausgeglichen,
indem der cbj-Verlag ein Projekt zur Aufforstung in Brasilien unterstützt.
Weitere Informationen zu dem Projekt unter:
www.ClimatePartner.com/14044-1912-1001

MIX
Papier aus verantwortungsvollen Quellen
FSC® C084279
FSC www.fsc.org

Wir produzieren Klimaneutral
ClimatePartner.com/14044-1912-1001
Druckprodukt

Verlagsgruppe Random House
FSC® N001967

Sollte diese Publikation Links auf Webseiten Dritter enthalten,
so übernehmen wir für deren Inhalte keine Haftung, da wir
uns diese nicht zu eigen machen, sondern lediglich auf deren
Stand zum Zeitpunkt der Erstveröffentlichung verweisen.

2. Auflage 2020
Neuausgabe als cbj Hardcover

Die Originalausgabe erschien 1983 unter dem Titel »Maja tittar på naturen«
bei Rabén & Sjögren, Stockholm.
Übersetzung: Senta Kapoun
Bearbeitung: Ulrike Hauswaldt
Umschlagbild und Innenillustrationen: Lena Anderson
Umschlagkonzeption: basic-book-design, Karl Müller-Bussdorf
jk · Herstellung: hag
Satz: Buchwerkstatt GmbH, Bad Aibling
Druck: Print Consult GmbH, München
ISBN: 978-3-570-15889-0
Printed in Slovakia

www.cbj-verlag.de

Ulf Svedberg

Lena Anderson

MAJA AUF DER SPUR DER NATUR

cbj

In der Natur musst du die Augen offen halten ...

Das hier ist Maja! Sie geht mit dir zusammen durch dieses Buch. Vielleicht hast du dich selbst schon oft gefragt, was das Jahr über in der Natur eigentlich alles passiert. Es gibt ja unendlich viel zu sehen und zu entdecken!

Im Frühling singen die Vögel. Der Sommer bringt uns viele Blumen und Insekten, die oft schwer auseinanderzuhalten sind. Maja findet Beeren, Pilze und Früchte. Im Herbst beobachtet sie die Zugvögel. Jetzt leuchten die Blätter an den Bäumen in den wundersamsten Farben. Der Winter ist weniger farbenfroh und nicht so reich an Pflanzen und Tieren wie die wärmeren Jahreszeiten. Trotzdem gibt es auch bei Frost und Schnee eine Menge zu sehen!

Hast du schon einmal verfolgt, wie sich ein Baum im Lauf des Jahres verändert? Maja hat sich einen Ahorn ausgesucht. Diesen Baum kennst du sicher auch, denn er zeigt nicht nur im Herbst, sondern auch schon im Frühling schöne Farben. Ganz bestimmt hast du auch schon deinen Spaß mit einem »Nasenzwicker« vom Ahorn gehabt.

Oder hast du einen anderen Lieblingsbaum?

Dann sieh ihn dir dieses Jahr einmal besonders genau an!

Natur ist mehr, als du denkst. Man findet so vieles: Pflanzen und Tiere – und Reste und Spuren von ihnen. Sicher hebst du manchmal eine Feder oder gar ein Knöchelchen auf, entdeckst ein Häufchen Igelkot im Garten, findest einen abgenagten Zapfen oder eine besonders schöne vertrocknete Blume! Es gibt so vieles zu sehen, so viel Neues zu entdecken! Und du kannst dabei auch jede Menge lernen.

Maja kann dir längst nicht alles zeigen ...

... sondern nur ein bisschen von dem, was sie selbst spannend oder witzig findet. Gut wären zur Begleitung für dich ein Pflanzenführer und ein Vogelbuch. Eine Lupe oder gar ein Fernglas verschaffen dir ganz besondere Einblicke.

Vorerst aber: Viel Vergnügen mit Maja.

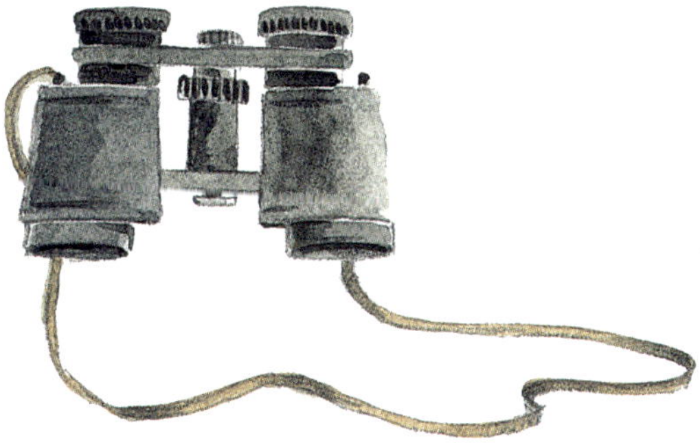

FRÜHLING

Du liebe Sonne, sei gegrüßt,
willst endlich wieder prangen.
Hast lang geruht, nun wachgeküsst,
strahlst du mit roten Wangen.
Wärm unser Land und schmilz den Schnee
Und lass die Saat gedeihen,
wärm Acker, Wiese, Bucht und See,
dann plantschen wir im Freien.
Du liebe Sonne, sei gegrüßt,
schenk Licht und Freude wieder,
die Geige singt und uns gelüst'
nach Tänzen unterm Flieder.

August Strindberg

Vom Baum

Der Ahorn blüht, ehe seine Blätter ausschlagen! Doch schon nach wenigen Tagen springen auch die Blattknospen auf und es zeigen sich hellgrüne Blättchen. Es gibt auch Ahornarten mit bronzefarbenen Blättern. Die Insekten saugen aus den Ahornblüten Nektar.

Von den Vögeln

Das Buchfinkenmännchen singt und baut ein Nest. Der Kleiber läuft mit dem Kopf voran den Baumstamm hinunter (kein anderer Vogel kann das!) und legt seine Eier in Baumhöhlen, die andere Vögel gemacht haben. Wenn ihm das Schlupfloch zu groß ist, mauert er es an den Rändern zu, bis es passt. Die Amsel kann hören, wo Regenwürmer durchs Gras kriechen.

Von den Pflanzen

Das blaue Leberblümchen ist schon fast verblüht, wenn das Windröschen seinen weiß leuchtenden Teppich ausbreitet. Abends schließen Windröschen ihre weißen Kronblätter schützend über den Staubgefäßen. Aber woher weiß die Blume, dass es Nacht wird? Maja probiert es aus: Sie stülpt für eine halbe Stunde eine leere Blechdose über aufgeblühte Windröschen. Und tatsächlich meinen die Blumen, es sei schon Abend! Sie haben ihre Blütenblätter geschlossen.

Von den Insekten und anderen Tieren

Schmetterlinge, die Maja schon jetzt im Frühling sieht, haben in Baumritzen, in Kellern und auf Dachböden überwintert. Die meisten Falter sterben aber im Herbst. Vor ihrem Tod legen sie noch Eier. Diese Eier (manchmal auch die Larven) überwintern. Die Ameisen räumen jetzt gründlich in ihrem Ameisenhaufen auf.

Der Igel wacht halb verhungert aus seinem Winterschlaf auf und sucht nach Käfern und Regenwürmern. Sein Pelz besteht aus rund 6000 harten Stacheln! Die Jungen werden aber mit weichen Stacheln geboren. Gut so, findet die Igelmutter.

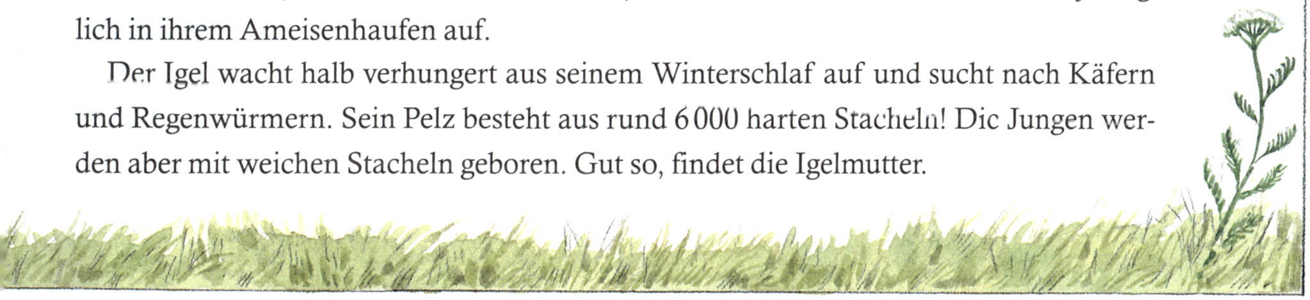

Bäume

Wie verschieden Bäume doch sein können! Hoch und schlank oder niedrig und breit. Manche haben Blätter, die im Herbst abfallen. Andere haben Nadeln, die das ganze Jahr über an den Zweigen bleiben.

Blätter entwickeln sich im Frühling. Sie verarbeiten das Wasser aus der Erde mithilfe des Lichtes zu Nahrung für den Baum. Weil das Sonnenlicht aus Süden stärker ist, entwickeln alle Bäume an ihrer Südseite mehr Äste. Auch die Jahresringe sind auf der Südseite breiter.

Die Jahresringe berichten vom Leben des Baumes. Sie verraten, ob es ein gutes oder ein schlechtes Jahr gewesen ist. Je breiter der Jahresring ist, desto mehr Nahrung konnte der Baum aufnehmen.

Weiden- und Palmkätzchenzweige bilden im Wasser gern Wurzeln. Maja stellt welche in die Vase und erneuert das Wasser regelmäßig. Später sieht sie sich die Wurzeln genauer an und findet mit dem Vergrößerungsglas ganz feine Wurzelhärchen.

Was verbirgt sich unter der Rinde?

Von abgestorbenen Bäumen oder einem Baumstumpf kannst du ein Stück Rinde leicht entfernen. Jetzt wuselt es nur so von Kleinzeug: Tausendfüßer, Spinnen, Käferchen und Ameisen. Am Stamm entdeckst du richtige Muster. Es sind die Gänge von Baumschädlingen.

Wie alt kann ein Baum werden?

In Schweden steht der älteste lebende Baum der Welt: eine Fichte. Sie ist fast 10 000 Jahre alt. Bei uns gibt es Tannen, Eichen und Lindenbäume, die schon einige Hundert Jahre alt sind.

Hörst du die Zapfen?

An einem stillen Vorfrühlingstag hört Maja die Föhrenzapfen (Kienäpfel) knistern. Die reifen Samen lösen sich aus den Schuppen und schweben mit ihrem kleinen Flügel im Gleitflug dahin. Nicht weit entfernt fallen sie zur Erde. Neue Kiefern können entstehen.

Und so kommt es zu Zapfen!

Kiefer, Tanne und Fichte haben männliche und weibliche Blütenzapfen. Der Blütenstaub aus gelben männlichen Blütenzapfen wird vom Wind auf die roten weiblichen Zapfen getragen, die nun weiterwachsen und grün werden. Tannen- und Fichtenzapfen brauchen zur Reife ein Jahr, Kiefernzapfen aber zwei Jahre.

Wieso singen die Vögel?

Wie hübsch das klingt!, denkt Maja. Sie weiß, dass Vogelgezwitscher im Frühling Brautwerbung bedeutet. Es ist der Ruf des Männchens, um ein Weibchen in sein Revier zu locken. Brautwerbung also mit dem allerschönsten Lied.

Haben das Vogelmännchen und sein Weibchen zueinander gefunden, paaren sie sich und bauen ein Nest. In dieser Zeit singt das Männchen weiter; aber nun warnt es andere Vögel: Kommt meiner Frau nur ja nicht zu nahe!

Das Gezwitscher hört erst auf, wenn die Jungen geschlüpft sind. Jetzt geht es dem Vogelvater darum, keine anderen Tiere ins Revier zu locken. Er muss seine Brut schützen.

Wie alt kann ein Vogel werden?

Vögel leben gefährlich: Sie können gefressen werden oder bei Unwettern umkommen. Das Brüten kann misslingen. Vögel können auch krank werden oder verhungern. Selbst wenn sie allen Gefahren widerstehen, haben sie kein allzu langes Leben. Kleine Vögel wie Rotkehlchen, Sperling und Meisen leben ein bis höchstens drei Jahre. Je größer der Vogel, desto größer ist im Allgemeinen auch seine Lebenserwartung.

Wie lange dauert das Brüten?

Bei den kleineren Vögeln dauert das Brutgeschäft etwa drei Wochen. Das Männchen bringt seinem Weibchen und später auch den Nestlingen das Futter. Da heißt es flink sein, denn Piepmätze brauchen pausenlos etwas zu fressen! Wenn du Glück hast, siehst du die Jungvögel flügge werden und das Nest verlassen. Sie hüpfen zunächst in Nestnähe auf den Bäumen herum und betteln auch jetzt noch die Eltern um Futter an.

Kuckuck, Kuckuck!

Der Kuckuck ist bei uns der einzige Vogel, der seine Eier in fremde Nester legt. Das Kuckucksei sieht zwar nicht genauso aus wie die eigenen Eier, aber die Pflegeeltern fallen oft genug darauf herein.

Der junge Kuckuck schlüpft immer etwas früher aus dem Ei als die Kinder der Pflegeeltern. Er macht sich im Nest mächtig breit. Angebrütete Eier und auch andere Nestlinge wirft er einfach hinaus. Die vermeintlichen Eltern sind machtlos, wenn ihre eigenen Kinder jämmerlich piepsend unten auf der Erde liegen.

Die Vogeleltern haben mit dem jungen Kuckuck unheimlich viel Arbeit. Weil er schnell wächst und recht groß wird, braucht er sehr viel Futter. Besonders kleine Wirtsvögel müssen sich dem Kuckuck auf den Rücken setzen, um ihm das Futter in den weit aufgesperrten Schnabel zu stopfen!

Frösche

Der Frühling ist die Zeit der Frösche. Im März und April hörst du sie in Gräben und Tümpeln quaken. Hat das Männchen ein Weibchen gefunden, klammert es sich auf dessen Rücken fest. Die Eier werden befruchtet, wenn das Weibchen sie im Wasser ablegt. Der Froschlaich – so nennt man die befruchteten Eier – bildet einen zusammenhängenden Klumpen. Nach wenigen Tagen schon sind die werdenden Fröschlein in den durchsichtigen Eiern als schwarze Punkte zu erkennen.

Etwa drei Wochen später schwimmen kleine fischähnliche Kaulquappen im Wasser, die sehr schnell wachsen. Sie bekommen Hinterbeine und bald auch Vorderbeine. Der Schwanz schrumpft ein und verschwindet, aus den Kaulquappen sind kleine Frösche geworden. Sie können das Wasser verlassen und auf dem Land leben. Frösche haben viele natürliche Feinde. Sie dienen der Wasserspitzmaus, Fischen, manchen Vögeln und auch Schlangen als Nahrung.

Kröten  und Schlangen

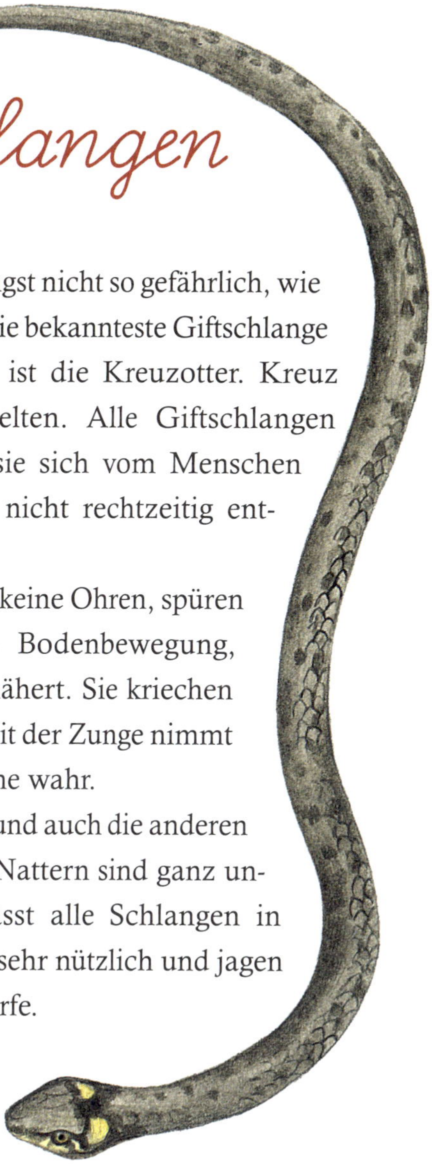

Und was fressen die Frösche?

Die ganz kleinen Kaulquappen schaben winzige Algen von den Wasserpflanzen ab. Die größeren fressen schon Pflanzenteile und verwesende Tiere. Erwachsene Frösche können mit ihrer großen, klebrigen Zunge sehr gut Fliegen fangen.

Frosch oder Kröte?

Froschlaich ist von Krötenlaich leicht zu unterscheiden. Frösche legen ihre Eier in Klumpen ab, Kröten jedoch in langen, beweglichen Schnüren.

Kröten machen keine hohen Sprünge wie die Frösche. Sie sind träge und haben einen kriechenden Gang. Ihre Haut ist warzig, die der Frösche aber glatt. Maja kann Frösche und Kröten gut unterscheiden.

Schlangen sind längst nicht so gefährlich, wie die Leute meinen! Die bekannteste Giftschlange in unseren Breiten ist die Kreuzotter. Kreuzottern sind sehr selten. Alle Giftschlangen beißen nur, wenn sie sich vom Menschen gestört fühlen und nicht rechtzeitig entkommen können.

Schlangen haben keine Ohren, spüren aber die geringste Bodenbewegung, wenn sich jemand nähert. Sie kriechen dann schnell weg. Mit der Zunge nimmt die Schlange Gerüche wahr.

Die Ringelnatter und auch die anderen mitteleuropäischen Nattern sind ganz ungefährlich. Maja lässt alle Schlangen in Ruhe, denn sie sind sehr nützlich und jagen Mäuse und Maulwürfe.

Von Blumen

Blüte

Die meisten Blüten sind in unseren Augen wunderschön bunt. Aber die Insekten sehen sie ganz anders als wir. Die Blüte hat Staubgefäße und Griffel. Dadurch kann sich die Pflanze vermehren.

Blatt

Alle grünen Pflanzen erzeugen ihre Nahrung selbst. Wasser aus der Erde, Kohlendioxid – ein Gas aus der Luft –, Sonne und Chlorophyll (grünerBlattfarbstoff) genügen ihnen, um nahrhaften Zucker und lebenswichtigen Sauerstoff zu bilden.

Sei vorsichtig beim Blumenpflücken und zieh keine Wurzeln mit aus!

Stängel

Er hält Blüten und Blätter dem Licht entgegen und widersteht Wind und Wetter, auch wenn er zerbrechlich aus sieht.

Wurzel

Sie gibt der Pflanze im Boden Halt und holt gleichzeitig dank der feinen Wurzelhärchen Wasser und Nährstoffe aus der Erde.

und Bienen

Überleg doch mal, wie viele wunderschöne Blumen du kennst! Es gibt sie in allen Farben: rot, gelb, weiß, blau, lila. Wir Menschen freuen uns an diesen schönen Farben, den Pflanzen jedoch ist ihre Farbenpracht völlig gleichgültig. Die Natur hat sie damit ausgestattet, damit sie Insekten anlocken, sonst nichts.

Wie locken die Blüten Bienen an?

Die Insekten nehmen Farben anders wahr als wir. Es gibt verschiedene Arten von Licht, das unseren Augen unsichtbar bleibt. Die Insekten aber sehen es sehr wohl! Manche Blütenpflanzen ziehen Fluginsekten durch geheime Zeichen an. Mit ultraviolettem Licht aufgenommene Fotos offenbaren auch uns dieses Geheimnis.

Was passiert beim Besuch?

Insekten fliegen von Blume zu Blume. An ihren Körperhärchen bleibt dabei Blütenstaub (Pollen) hängen. Wenn sie nun die nächste Blüte besuchen, streifen sie etwas davon auf dem Griffel ab. Natürlich kann aber nur der Blütenstaub von einem Himmelschlüssel ein anderes Himmelschlüsselchen befruchten. Im Fruchtknoten bilden sich dann Samen.

Was haben die Bienen davon?

Insekten lassen sich von Blüten anlocken, weil sie dort Pollen und Nektar (Blütensaft) finden. Beides brauchen sie als Nahrung. Man sagt, Bienen heimsen Honig ein. Das stimmt nicht ganz, denn aus dem Nektar muss erst Honig werden. Die Biene saugt den Nektar auf und verarbeitet ihn in einer Art Honigmagen. Im Bienenstock würgt sie den Honig zur Lagerung in der Wabenzelle aus. Das klingt nicht gerade appetitlich, denkt Maja. Aber Honig ist etwas sehr Reines und Gesundes!

Die Pollenkörner bürstet die Biene von ihrem Körper ab und formt sie mit einer Spur Honig aus dem Honigmagen zu einem Klümpchen. Dieses Klümpchen wird in den haarigen Pollenkörbchen an den Hinterbeinen verstaut. Halte die Augen offen! Du kannst der Biene bei dieser Arbeit zusehen.

Was wird aus

Was wird im Lauf des Jahres aus der Knospe?

Sicher kennst du draußen irgendwo eine Birke oder einen Haselstrauch. Suche dir einen bestimmten Zweig aus und binde ein Bändchen drum, damit du ihn wiederfindest. Besuche ihn im Lauf des Jahres öfter, bis schließlich das Laub abfällt. Zeichne die Veränderungen ab und miss im Herbst, wie dein Zweig gewachsen ist!

Wenn Knospen aufspringen

Im Herbst hört die Rosskastanie zu wachsen auf. An jeder Zweigspitze sitzt nun eine große, spitze Knospe unter ledrig brauner, etwas klebriger Hülle. Irgendwann im März oder April springen diese Knospen auf. Die schützende Winterhülle fällt ab und hinterlässt auf dem Zweig einen narbigen Wulst. Ob du die Stelle entdeckst? Von einem Jahr zum anderen ist der Baum um das Stück zwischen zwei solchen Wülsten gewachsen.

Mache es wie Maja: Stelle einen knospenden Kastanienzweig ins Wasser. Die Kastanie hat besonders schöne, dicke Knospen. Natürlich kannst du dir auch einen anderen Baum oder Strauch aussuchen.

Knospen und Samen?

Lege einen Samen!

Stecke einige getrocknete Erbsen in einen Blumentopf mit gewöhnlicher Erde. Sei nicht zu sparsam! Dann macht es nichts, wenn du ab und zu eine Erbse aus der Erde nimmst, um nachzusehen, wie sich Wurzeln und Keimling bilden.

Die Erbse holt sich Wasser aus der Erde und quillt auf. Die Samenschale platzt und ein Würzelchen schiebt sich heraus. Es wächst nach unten und hält die werdende Pflanze im Boden fest.

Der wichtigste Teil der Wurzel, die sehr empfindliche Wurzelspitze, wird durch ein Käppchen, die Wurzelhaube, geschützt. Von hier geht das Wachstum aus. Eine Menge feinster Wurzelhärchen nehmen aus dem Boden Wasser und andere Stoffe auf und ernähren so die Pflanze.

Ist die Wurzel kräftig genug, setzt das Wachstum nach oben ein, der Sonne entgegen. Es bilden sich Stängel, Blätter und später auch Blüten.

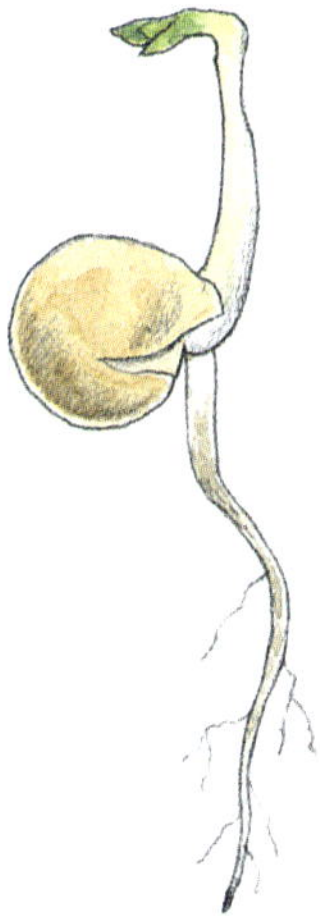

Wie steigt das Wasser

Bäume und Blumen brauchen viel Wasser, damit sie in ihren Blättern nährstoffreichen Zucker bilden können. Eine mittelhohe Birke braucht in heißen Sommern täglich 400 bis 600 Liter Wasser. Wie aber gelangt das Wasser von der Wurzel in die Spitze eines Baumes?

Auf jedem Blatt gibt es unzählige winzig kleine Öffnungen. Vermutlich wird Wasser durch den Stamm bis in die Blätter geleitet, um zu ersetzen, was durch diese Löchlein verdunstet ist. Wasser setzt sich aus Molekülen (allerkleinsten Teilchen) zusammen, die fest aneinanderkleben. So bildet das Wasser von den Wurzeln bis in die Blätter eine Säule, die an keiner Stelle unterbrochen ist.

Die Wurzeln können wahrscheinlich auch Wasser durch den Stamm nach oben drücken. Ganz sicher weiß man's aber nicht.

bis in die Blätter?

Der Seerosentrick

Halte ein Seerosenblatt unter Wasser und blase fest in den Stängel. An der Blattoberseite kommen bald kleine Luftblasen durch die winzigen Löcher. Und wo Luft durchkommt, kann Wasser es auch!

Der Tulpentrick

Löse etwas Lebensmittelfarbe in einem Glas Wasser auf und stelle eine weiße Tulpe hinein. Was passiert?

Der Birkentrick

Stülpe einen Plastikbeutel über einen Birkenzweig und binde ihn zu. Bald wirst du an der Innenseite des Beutels viele Tröpfchen sehen. Es ist das aus den Blättern verdunstete Wasser.

SOMMER

Glaub nicht, von allein würd' es Sommer
in Garten und Wiese und Wald.
Den Sommer, den muss jemand wecken,
dann blühen die Blumen schon bald.
Ich lasse die Blumen erblühen,
lass spießen das Gras und den Klee.
Ja, nun kann der Sommer beginnen,
denn schmelzen ließ ich schon den Schnee.

Astrid Lindgren

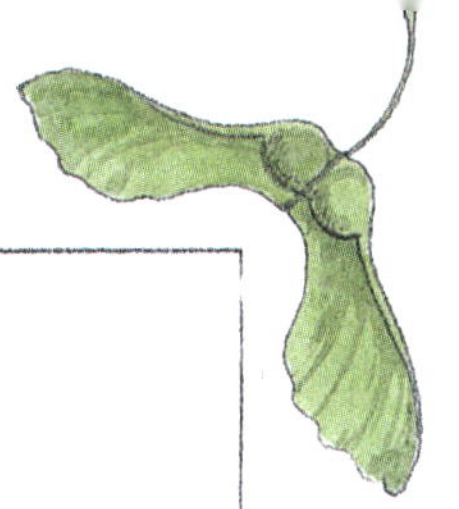

Vom Baum

Die Ahornblüten sind schon lange abgefallen und die Blätter dunkelgrün geworden. Das dichte Laub verdeckt Zweige und Äste. Unter dem Baum ist es schattig und kühl. Wie gern sitzt Maja hier!

Von den Vögeln

In all dem Grün sind die Vögel kaum mehr zu sehen. Hausen noch welche im Nistkasten? Kohlmeise, Rotschwänzchen oder Star brüten vielleicht ein zweites Mal!

Von den Pflanzen

Nicht alle Blüten sind bunt. Sieh dir die Gräser an. Ihre Blüten sind die grünen Ähren. Vielleicht findest du im Gras Margeriten, Glockenblumen und Hahnenfuß! Löwenzahn gibt es jetzt in Fülle: gelbe »Butterblumen« und auch die kugelrunden weißen Pusteblumen, gleichzeitig! Zarte Löwenzahnblätter sammelt Maja für Salat.

Von den Insekten und anderen Tieren

Die schönsten Schmetterlinge, das Tagpfauenauge, den Admiral, den Kleinen Fuchs, das Landkärtchen und andere, sehen wir vor allem dort fliegen, wo Brennnesseln wachsen. Ihre Larven leben von diesen Pflanzen. Ein Glück, dass die das Brennen an ihren Fresswerkzeugen nicht spüren! Die meisten Insekten vermehren sich in großer Zahl. Oft wimmelt es nur so!

Auch ihre Räuber sind unterwegs. Im Gras raschelt es, wenn die kleinen Spitzmäuse herumhuschen. Junge Igel machen im Gänsemarsch einen Abendspaziergang mit ihrer Mutter.

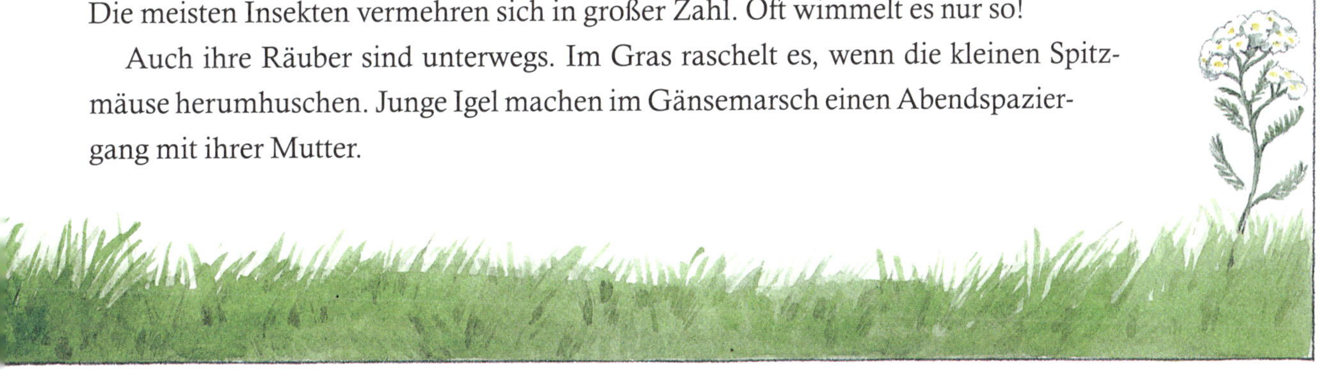

Es singt, surrt, zirpt und schwirrt

Am Tag singen die Vögel, wie ihnen der Schnabel gewachsen ist. Nachts halten Mücken Maja mit ihrem Sirren wach. Wenn du sie nicht mehr hörst, sind sie drauf und dran zu stechen! Was ist dir lieber?

Dicke Fliegen surren in der Sonnenwärme besonders dann auf der Veranda herum, wenn Saft und Kuchen auf dem Tisch stehen. Maja stellt fest, dass es gar nicht so einfach ist, eine Fliege zu erwischen. Ihr Auge besteht nämlich aus vielen kleinen Einzelaugen (Facetten) und sie sieht jede Bewegung viel besser als wir. Sie merkt sofort, wenn wir nach ihr schlagen wollen!

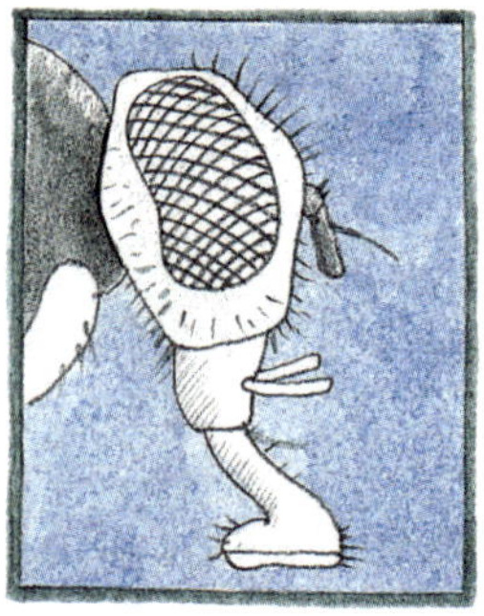

Wäre die Fliege so groß wie hier auf dem Bild, könnten wir ihre vielen Einzelaugen und auch den Saugrüssel deutlich sehen.

Fliegen können Krankheiten übertragen. Mit Vorliebe halten sie sich an Orten auf, wo es Dung, Verwesendes und Schmutz gibt. Ehe die Fliege Nahrung aufnimmt, speit sie ein Tröpfchen Mageninhalt darauf aus.

Ein paar Zuckerkörnchen oder Kuchenkrümel liegen auf dem Tisch. Beobachte, was die Fliege tut. Wenn sie frisst, wird ihr Saugrüssel länger und arbeitet fast wie ein Staubsauger.

Mücken legen ihre Eier im Wasser ab. Die geschlüpften Larven hängen unter der Wasseroberfläche. Bei Gefahr schwimmen sie tiefer ins Wasser. In heißen Ländern gibt es Mücken, die ein gefährliches Fieber, die Malaria, übertragen. Bei uns gibt es diese Krankheit nicht.

Im Sommer, so heißt es, geigen die Grillen. Das stimmt aber nicht. Was wir hören, ist das Zirpen der *Grashüpfer* und anderer *Heuschrecken.* Sie fühlen sich im Gras wohl und musizieren gegen Ende des Sommers so besonders laut, weil jetzt auch den jungen Heuschrecken schon Flügel gewachsen sind. Zirpen können nur die Männchen. Der Grashüpfer reibt die Hinterbeine an den Deckflügeln; das Grüne Heupferd reibt die Deckflügel aneinander. Wer besonders feine Ohren hat, kann sie auseinanderhalten. Die eigenen Weibchen sind die interessiertesten Zuhörer. Sie

haben ihre Ohren übrigens auf den Vorderbeinen! Es muss ja nicht alles wie bei uns Menschen sein. Die Fliegen zum Beispiel haben ihren Geschmackssinn an den Vorderfüßchen!

… und der Grashüpfer kurze Fühler

Sticht! Beißt! Brennt!

Mücken

Die Stechmücke hat einen Saugrüssel, der so spitz ist wie die Spritze beim Arzt. Nur Weibchen saugen Blut. Männchen halten sich an Pflanzensäfte. Ohne Blut entwickeln sich die Eier im Leib des Weibchens nicht.

Ein Mückenstich kann ganz schön jucken! Der Plagegeist spritzt uns nämlich zuerst eine Flüssigkeit unter die Haut, die das Gerinnen des Blutes verhindert. Es ist besser, die Mücke nicht gleich zu erschlagen, sondern sie erst saugen zu lassen. Sie nimmt nämlich den größten Teil ihres Giftes wieder auf. Der Stich juckt dann weit weniger!

Bienen

Der Bienenstich ist für die Biene das Todesurteil. Wenn sie wegfliegt, reißt sie sich den Stachel aus und muss sterben. Entferne den Stachel schnell! Sauge die Wunde aus!

Wespen

Die Wespe kann ihren Stachel wieder einziehen und überlebt. Beide, Biene und Wespe, stechen nur aus Notwehr.

Ameisen

Auch Ameisen können uns wehtun. Einige Arten stechen. Die Waldameise hat zwar keinen Stachel, dafür aber einen kräftigen Biss. Aus dem Hinterleib spritzt sie Ameisensäure bis zu 50 Zentimeter weit. Lege ein Taschentuch auf den Ameisenhügel und rieche vorsichtig daran!

Fliegen

Es gibt besonders unangenehme Stechfliegen. Im warmen Sommer kommen, besonders bei großer Luftfeuchtigkeit, Wadenstecher und Bremsen. Meistens merkt man sie erst, wenn sie schon zugestochen haben!

Brennnesseln

Blätter und Stängel der Brennnessel tragen feine Brennhärchen mit nadelscharfen Spitzen. Bei Berührung dringt ein der Ameisensäure ähnlicher Stoff in die Haut. Das brennt zwar kurz, ist aber nicht schädlich.

Was tun, wenn's juckt und brennt?

Die meisten Insektenstiche verursachen nur einen ganz kurzen Schmerz. Dann ist's wieder gut. Abtupfen mit Essigwasser lindert. Bei Bienenstichen hilft das Auflegen einer rohen Zwiebel- oder Tomatenscheibe. Speisezwiebeln enthalten einen Stoff, der das Bienengift zerstört.

Leckere Sachen aus

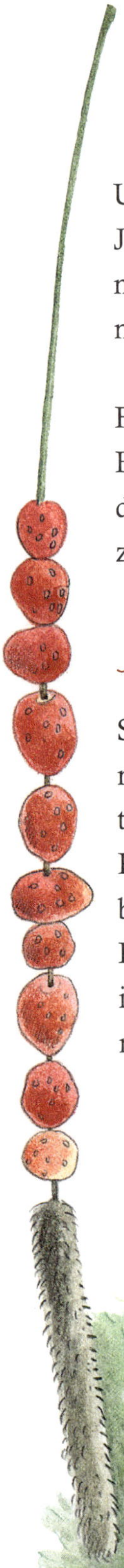

Ursprünglich wuchsen alle Pflanzen wild. Jetzt baut der Mensch vieles an für seine Ernährung: Roggen, Weizen, Gerste, Hafer, Gemüse, Obst. Er züchtet auch neue Pflanzen.

Aber versuche einmal, was von selbst in Feld und Wald wächst! Sammle Kräuter und Beeren, aber möglichst nicht an Straßenrändern. Schädliche Stoffe aus Autoabgasen setzen sich in den Pflanzen ab.

Achtung!

Schlage in deinem Pflanzenbestimmungsbuch nach, und überzeuge dich, dass du nichts Giftiges schluckst! Einige ganz ungefährliche Pflanzen sind hier abgebildet. Du kannst sie bedenkenlos verwenden. Pflücke Beeren und Kräuter nur bei trockenem Wetter. Bei Nässe ist manches von schädlichen Pilzen (Schimmel) befallen.

Kräuter

Ulme – Ein paar kurze Sommerwochen lang trägt die Ulme kleine Früchte. Sie schmecken sehr gut im Salat.

Gänsefingerkraut – Wächst auf lehmigen Böden. Solange die Blättchen noch zart sind, schmecken sie am besten.

Löwenzahn – Blätter, die ohne Sonnenlicht wachsen (z. B. unter einem alten Brett), sind besonders lecker als Salat.

Melde – In früheren Zeiten wurden verschiedene Arten angebaut. Heute ersetzt der mit der Melde verwandte Spinat sie alle.

Rotklee – Die Bienen holen sich den Nektar. Wir hacken die Blättchen klein und essen sie mit Joghurt oder im Salat.

Schafgarbe – Die kleinen, fein gefiederten Blättchen ergeben eine zartbittere, schmackhafte Würze in Suppen und Soßen.

Tüpfelfarn – Auch Engelsüß genannt. Wächst gern im Wald auf steinigem und felsigem Grund. Die Wurzel schmeckt nach Lakritz.

Feld und Wald

Beeren

Die Natur schenkt uns viele köstliche Beeren. Aber Vorsicht! Es gibt auch gefährliche, giftige! Du musst sie unbedingt unterscheiden lernen.

Walderdbeeren, Himbeeren, Heidelbeeren und Brombeeren sind eine Delikatesse. Hirschbeere und Ackerbeere wachsen nur im hohen Norden.

Die Beeren der Eberesche (Vogelbeere) schmecken als Marmelade besonders fein. Man kann sie mit Hagebuttenmark mischen.

Blätter

Aus getrockneten, zerkrümelten Blättern wird Tee. Birke, Eberesche, Hagedorn, Walderdbeer-, Brombeer- und Preiselbeerblätter und natürlich viele Kräuter ergeben herrliche Tees. Im Garten wachsen Schwarze Johannisbeere und Himbeere. Auch zerstoßene junge Kiefern- und Fichtennadeln können dazugemischt werden.

Was raschelt da im Unterholz?

Was ist ein Säugetier?

Viele Tiere passen ihre Körperwärme den wechselnden Außentemperaturen an. Bei Vögeln und Säugetieren aber bleibt die Körpertemperatur immer ungefähr gleich.

Säugetiere bringen lebende Junge zur Welt und ziehen sie mit Muttermilch groß. Ihr Körper ist mehr oder weniger behaart und sie haben vier Beine. Der Mensch bildet hier eine Ausnahme.

Es gibt große Säugetiere und kleine. Sieh dir mit Maja jetzt einige Kleinsäuger an.

Nagetiere

Die häufigsten kleinen Säugetiere in Feld und Wald sind Nager. Ihr besonderes Kennzeichen sind die beiden ständig nachwachsenden Nagezähne im Ober- und Unterkiefer.

Für Raubtiere und Greifvögel sind zum Beispiel Mäuse eine wichtige Nahrung. Gute Mäusejahre führen zu zahlreicher Vermehrung ihrer Jäger. Auch Eichhörnchen, Biber und Murmeltiere sind Nagetiere.

Häufig vorkommende Nagetiere

Wie ihr Name sagt, lebt die *Feldmaus* auf baumlosen Äckern und Wiesen. Im Winter gräbt sie unter dem Schnee lange Gänge und polstert sie mit Gras aus. Maja hat, wenn der Schnee wegtaut, schon solche »Graswürste« gesehen. Feldmäuse haben kurze Schwänze.

Die Feldmaus hat einen kurzen Schwanz.

Waldmäuse und *Hausmäuse* sind etwa gleich groß und haben einen langen Schwanz. Die *Waldmaus* lebt, solange es warm ist, an Waldrändern und Lichtungen. Sie ernährt sich von Körnern, Nüssen und Eicheln. Zur Winterszeit kann sie im Haus eine echte Plage werden.

Die Waldmaus hat einen langen Schwanz.

Lemminge leben hoch im Norden, bei uns findet man sie nicht. Man könnte sie mit *Goldhamstern* verwechseln.

So sieht ein Lemming aus!

Lieber Gott, lass mich eine Spitzmaus sehen!

Die Spitzmaus ist kein Nagetier

Sie sieht aus wie ein Mäuschen, ist aber mit Igel und Maulwurf verwandt. Kennzeichnend ist die sehr lange, spitze Schnauze mit den feinen Tasthaaren. Die Augen sind dagegen winzig, und tatsächlich kann die Spitzmaus nicht gut sehen, sondern orientiert sich riechend und tastend. Spitzmäuse sind eher Nachttiere. Vielleicht hast du aber einmal Glück und hörst eine im Gras fiepen.

Hase und Kaninchen

Hasen und Kaninchen haben ähnliche Zähne wie die Nagetiere, sind aber nur entfernte Verwandte.

Der Feldhase mit seinen langen Ohren – man nennt sie Löffel – ist etwas größer als das Wildkaninchen. Wo es Hasen gibt, findet man die kugelige Hasenlosung. Gleich wenn er gefressen hat, scheidet der Hase aber auch ein sehr vitaminreiches grünes Kleckschen aus, das er schnell auffrisst.

So sieht eine Spitzmaus aus!

Am Ufer tut sich was

Nichts ist schöner, als bäuchlings auf einem Steg zu liegen und ins Wasser zu gucken. Es gibt so viele kleine Fische und auch andere Tiere zu sehen.

Mach es wie Maja! Sie hat sich einen Wassergucker gebastelt. Du brauchst nur eine gewöhnliche Blechdose dazu. Deckel und Boden schneidest du weg. Dann stülpst du eine durchsichtige Plastiktüte über die Dose und spannst sie an einer Seite mit einem Gummi stramm über das Loch. Jetzt senkst du deinen Gucker ein Stück ins Wasser. Das Plastikfenster wölbt sich ein wenig und wirkt wie ein Vergrößerungsglas.

Maja angelt. Im Regen beißen Fische besonders gut an. Ob der Wurm wohl Schmerzen hat, wenn man ihn an den Haken steckt? Du darfst annehmen, dass er nichts spürt, denn noch kein Naturforscher hat bei Würmern ein Sinnesorgan für das Schmerzempfinden gefunden. Vielleicht nimmst du aber lieber Brot als Köder? Ob wohl ein Barsch anbeißt? Er hat auf dem Rücken eine besonders spitze Flosse, um sich zu verteidigen.

Wenn du einen Fisch an Land ziehst, kannst du ihn atmen sehen. An beiden Seiten des Kopfes sitzen hinter dem Maul unter einem Deckel die Kiemen. Wenn du den Deckel ganz vorsichtig anhebst, kannst du die hellroten, faltigen Kiemen sehen.

Der Fisch lässt Wasser durch das offene Maul einströmen und drückt es bei geschlossenem Maul durch die Kiemen wieder hinaus. Die Kiemen entnehmen dem Wasser den Sauerstoff, den der Fisch zum Atmen braucht.

Pflanzen gibt es am Ufer …

In Seen mit nährstoffreichem Wasser wächst *Schilf.* Schilf ist ein Gras, eins der größten. Oft steht es metertief im Wasser und kann bis zu 5 Meter hoch werden.

Rohrkolben wachsen im Röhricht von Seen und Teichen. Die lustigen braunen Zigarren setzen sich aus winzigen Blüten zusammen: über 100 000 auf einem Kolben! Oben sitzen die männlichen, unten die weiblichen Blüten. Im Vorfrühling bersten die Kolben und streuen Millionen geflügelter Früchtchen über dem See aus.

… und Tiere

Unzählige Arten. Unter Wasser bewegen sich langsame Schnecken. An der Oberfläche flitzen Springwanzen und langbeinige Wasserläufer. Was siehst du noch alles?

Libellenleben

Wie eine Libelle fliegen zu können, ist Majas größter Wunsch. Einfach fantastisch! Sie kann in der Luft stillstehen, rückwärts fliegen oder einfach dahinsegeln. Du hörst es prasseln, wenn die Flügel sich zufällig berühren.

Es gibt viele Arten von Libellen – eine ist schöner als die andere. Besonders der Hinterleib ist in prächtig schillernden Farben bunt gezeichnet.

Zur Fortpflanzung hängen sich zwei Libellen aneinander und fliegen dann gemeinsam weiter. Das Männchen klammert sich hinter dem Kopf des Weibchens fest. Das Weibchen krümmt seinen Leib dem männlichen Paarungsorgan entgegen. Vielleicht siehst du einmal ein solches »Paarungsrad«.

Nach der Paarung legt das Weibchen seine Eier ab. Manche Arten versenken sie während des Fluges im Wasser, andere legen ihre Eier an Land ins Moos oder in feuchte Erde. Wieder andere befestigen ihre Eier unter Wasser an dort wachsenden Pflanzen.

Bei manchen Libellenarten dauert es mehrere Jahre, bis die Larven sich zu neuen Libellen entwickeln. Die Larve verlässt das Wasser und klettert an einem Schilfrohr hoch. Ihre Haut ist jetzt so gespannt, dass sie auf dem Rücken reißt. Die Libelle schlüpft aus, bleibt aber in der am Röhricht befestigten Larvenhaut, bis sie die Flügel entfaltet und getrocknet hat. Nun erst kann die Libelle fliegen. Genau wie die Vögel haben Libellen begrenzte Reviere.

Sie jagen gern Kleininsekten im Flug und leben nur wenige Monate.

HERBST

Septembermorgen

Im Nebel ruhet noch die Welt,
Noch träumen Wald und Wiesen:
Bald siehst du, wenn der Schleier fällt,
Den blauen Himmel unverstellt,
Herbstkräftig die gedämpfte Welt
In warmem Golde fließen.

Eduard Mörike

Vom Baum

Die Ahornblätter sind jetzt wunderschön gelb, orange und rot. Maja hat welche gepresst und Blattbilder daraus gemacht. Vielleicht findest du unter dem Baum noch ein paar von den lustigen Nasenzwickern?

Von den Vögeln

Auf den Telefondrähten sitzen Rauchschwalben und Mehlschwalben. Sie sammeln sich zum Abflug in wärmere Länder. Der Buchfink sucht auf der Erde nach Insekten und Samen. Die Stare legen ihr Winterkleid an; die schillernden Tupfen vom Frühling sind verschwunden. Auch die Störche verlassen ihr Nest auf dem Hausdach und fliegen nach Afrika. Amseln, Meisen, Dompfaffe und viele andere Vögel bleiben.

Von den Pflanzen

Die Blätter des Leberblümchens sind dunkelgrün geworden und fangen an den Rändern ein wenig zu welken an. Die meisten Blumen verwelken ganz. Viele Sträucher werfen die Blätter ab. Das Gras wird braun. Die Samen fallen aus.

Von den Insekten und anderen Tieren

Pfauenauge und Großer Fuchs suchen einen geschützten Ort zum Überwintern. Du siehst immer weniger Insekten krabbeln und fliegen. Wenn Tau fällt, werden Spinnweben sichtbar. Es sind sichere Fallen für die Beute der Spinne!

Auch Schnecken müssen sich jetzt in Acht nehmen, denn der Igel frisst, so viel er bekommen kann. Er braucht Reserven für den Winterschlaf. Die Mäuse können sich im welkenden Gras nicht mehr so leicht vor dem Bussard verstecken. Er hat sie zum Fressen gern!

Was der Wind über

Was ist Frucht und was ist Same? Nun, die Frucht ist der Teil der Blüte, der die Samen enthält.

Manche Früchte sind weich und saftig. Erdbeeren, Himbeeren, Trauben schmecken uns! Die Körnchen, die beim Draufbeißen knirschen, sind ihre Samen. Nüsse, Bucheckern, Eicheln sind harte, trockene Früchte.

Wie breiten sich Samen aus?

Der Wind hilft dabei sehr mit! Blase auf eine Pusteblume und die Samen segeln wie bemannte Fallschirme durch die Luft.

Auch Tiere tragen Samen weiter. Stare, Amseln und andere Vögel picken gern saftige Früchte. Mit dem Kot scheiden sie die Samen unverdaut wieder aus. Kletten bleiben im Fell von Hunden, Rehen oder Hasen hängen. Ameisen schleppen sich mit den ölhaltigen Früchten von Veilchen und Leberblümchen ab. Sie mögen nur das Öl, der Same ist ihnen unwichtig und bleibt irgendwo liegen.

Wieso verlieren Bäume und Sträucher im Herbst ihre Blätter?

Durch die Blätter verdunstet pausenlos Wasser. Wenn im Winter die Erde gefroren ist, können Bäume und Büsche nur sehr wenig Wasser aufnehmen. Behielten sie ihre Blätter, würde der Baum an Wassermangel eingehen.

Wie ist das aber mit Kiefer und Tanne? Ihre Blätter – die Nadeln – fallen ja nicht ab. Nun, die Nadeln sind schlank und durch eine Wachsschicht geschützt, die das Wasser zurückhält.

die leeren Felder treibt

Wohin kommen die vielen Blätter?

Es gibt Unmengen dürres Laub! Auf einer Fläche, etwa so groß wie ein Fußballplatz, fällt rund eine Tonne (1000 Kilo) an! Wohin verschwindet es bis zum Frühling?

Die Regenwürmer sind eifrige Vertilger. Sie ziehen welke Blätter in ihre unterirdischen Gänge und leben davon. Du ahnst nicht, wie interessant so ein Regenwurm ist. Unten auf dem Bild siehst du, wie Maja einem Regenwurm zuhört. Lass du ihn auch mal über Papier kriechen! Du hörst seine vielen winzigen Borsten über die Unterlage schürfen. Mit dem Vergrößerungsglas kannst du sie erkennen. Die Borsten dienen dem Regenwurm zur Fortbewegung unter der Erde. Wenn die Amsel einen Wurm aus dem Boden zieht, wird er länger und länger. Er hält sich mit seinen Borsten unten fest.

Von Blättern leben nicht nur Regenwürmer. Eine Laubwaldfläche von zehn Zentimetern im Quadrat beherbergt, wie jemand festgestellt hat:

- 3 Asseln
- 14 Tausendfüßer
- 23 Insekten und deren Larven
- 120 Würmer
- 217 Springschwänze
- 635 Spinnentiere
- 63 000 winzige Würmchen
- 30 Millionen Bakterien

Umgerechnet auf einen Fußballplatz, ergäbe das ein Gewicht von 5000 Kilo! Wen kann es da noch wundern, dass bis zum Frühling fast alles Laub verwest und verwertet ist?

Das wunderbare

Verstehst du, warum so viele Menschen die Spinnen nicht mögen? Viele haben Angst, weil Spinnen giftig sind und beißen. Natürlich ist daran alles wahr – aber einem Menschen schadet die Spinne mit ihrem Gift nicht! Nur Fliegen und Mücken sind ihr nicht gewachsen.

Es gibt bei uns sehr viele verschiedene Spinnen. Rund 650 Arten. Längst nicht alle weben Netze. Viele legen sich einfach in den Hinterhalt und überfallen die nahrhafte Beute.

Die Spinne und ihr Netz

Spinnennetze kannst du im Herbst am besten beobachten. Wenn Tau gefallen ist, sieht Maja an Büschen und zwischen den Gräsern verschiedenartigste Spinnennetze ausgespannt. Manche Spinnen weben radförmige Netze, andere wieder welche, die so dicht wie ein Schleier sind. Hat die Sonne den Tau aber weggetrocknet, werden die Spinnweben wieder unsichtbar.

An der Unterseite ihres Hinterleibes hat die Spinne Spinndrüsen. Radnetzspinnen legen beim Netzbau zunächst einen Rahmen an. Dann folgen die »Speichen«, zwischen die das klebrige Fangnetz gespannt wird. Es enthält also klebrige, aber auch glatte Fäden. Netze webt nur das Weibchen. Ein Öl an ihren Beinen verhindert, dass sie im eigenen Netz hängen bleibt.

Der Spinnfaden ist unvorstellbar dünn: drei Tausendstel Millimeter! Er setzt sich aus mehreren noch feineren Fäden zusammen und ist dadurch besonders haltbar.

Die Paarung der Spinnen

Das Spinnenweibchen ist sehr hungrig. Es betrachtet jedes Tier, das sich dem Netz nähert, als Mahlzeit. Nun kommen natürlich auch Spinnenmännchen, die gern Hochzeit feiern möchten. Wenn »er« ihr nicht gefällt, frisst sie ihn gleich auf. Bei manchen Arten aber geht es raffiniert zu. Das

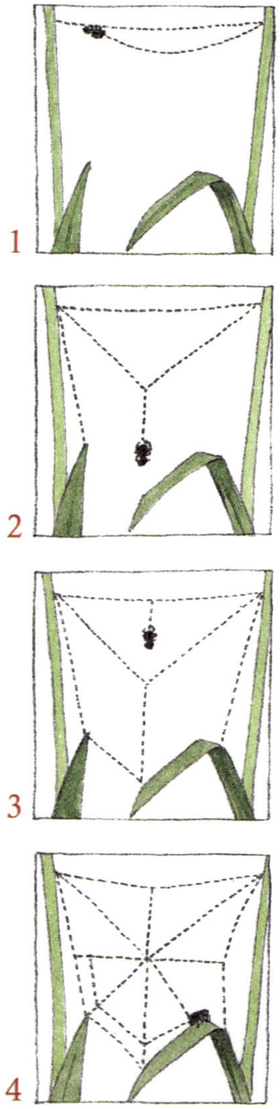

Leben der Spinnen

Männchen »musiziert« auf dem Netz und lockt so das Weibchen an. Oder das Weibchen wird vor der Paarung vom Männchen gefesselt. Es gibt aber auch Männchen, die ein in Spinnseide verpacktes kleines Fresspaket mitbringen. Während die Auserwählte mit dem Auspacken beschäftigt ist, paart er sich mit ihr und sucht dann schnell das Weite.

Spinnen können fliegen

Aber sie brauchen keine Flügel dazu. Im Herbst machen die jungen Spinnen lustige Ballonreisen durch die Lüfte. Sicher auf einem Zweig sitzend, spinnen sie sich einen langen Faden und lassen sich irgendwann vom Wind mitnehmen.

Vorbereitung auf

Wie kommen die Tiere über den Winter? Auch sie wollen ja die kalte Jahreszeit überleben.

Es gibt Tiere, die Winterschlaf halten. Andere ziehen in wärmere Gebiete. Manche Tiere legen Nahrungsvorräte an. Vielen wächst ein dichterer Pelz, dessen Farbe der Winterlandschaft angepasst ist. Insekten überwintern häufig in Baumritzen oder unter der Rinde. Manche legen Eier, die den Winter überstehen, sterben selbst aber, ehe die Kälte kommt.

Der *Igel* hält Winterschlaf. Er gräbt sich in den Kompost ein oder schläft im angehäuften Laub. So ist er gegen Schnee und Eis gut geschützt.

Im Winterschlaf sinkt die Körpertemperatur des Tieres und seine Atemzüge sind kaum wahrnehmbar. Ein Igel atmet nur etwa alle fünf Minuten; sein Herz schlägt nur wenige Male in der Minute. Er lebt sozusagen auf Sparflamme.

Der *Dachs* zieht sich zum Winterschlaf in seinen unterirdischen Bau zurück. Das ist ein gut gepolsterter Wohnkessel, durch viele Gänge erreichbar. Kammern in mehreren Stockwerken bieten Dachs-Großfamilien oft über Generationen eine Behausung. Im Herbst frisst sich der Dachs einen richtigen Wanst an und legt sich wohlgenährt zur Ruhe. Um seinen Durst zu stillen, kommt er bisweilen zu einem kleinen Streifzug ins Freie.

Auch der *Bär* zieht sich in seine Höhle zurück. Bärinnen bringen ihre Jungen im Winterquartier zur Welt.

Alle *Mäuse*-Arten legen den Herbst über eigene Vorratskammern an. Darin lagern sie unter der Erde Nüsse, Getreidekörner, Apfelkerne und Eicheln. Sie halten keinen Winterschlaf, sondern rennen unter und auch auf dem Schnee emsig herum. Du kannst ihre Spuren finden! Die *Spitzmäuse* machen hier keinen Unterschied.

Das *Eichhörnchen* hat viel Essbares an den verschiedensten Orten versteckt.
Leider ist es recht vergesslich.

den großen Schnee

Die *Hasen* bekommen ein kräftigeres und helleres Fell. Im hohen Norden wird der Hase ganz weiß. Man nennt ihn Schneehase.

Auch das *Hermelin* geht zur Winterszeit ganz in Weiß. Nur seine Schwanzspitze bleibt schwarz. Das Hermelin jagt, ebenso wie das ihm verwandte kleine Wiesel, alles, was Maus heißt.

Vögel, die nicht nach Süden ziehen, müssen den ganzen Tag auf Nahrungssuche sein. Die Tage werden kürzer und kälter, die Nächte oft schon frostig. Viele kleine Vögel müssen verhungern oder erfrieren. Maja vergisst nie, für Kerne im Futterhäuschen zu sorgen.

Schlangen und *Eidechsen, Frösche* und *Kröten* verkriechen sich dorthin, wo der Frost ihnen nichts anhaben kann. Tief in der Erde, unter Steinhalden oder im dichten Laub warten sie auf die Frühlingssonne. Kreuzottern und Ringelnattern verbringen den Winter nicht selten gemeinsam. Kröten können sich auch in den Bodenschlamm eines Teiches graben. Sie nehmen dann durch die Haut Sauerstoff auf und ertrinken dadurch nicht.

Das *Marienkäferchen* versteckt sich in Ritzen, im dichten Gras oder unter gefallenem Laub. Es ist nicht so wählerisch.

Den *Kleinen Fuchs* und das *Tagpfauenauge* entdeckst du mit ein wenig Glück auf dem Dachboden oder in der Garage. Die Falter schlafen mit zusammengelegten Flügeln.

Heuschrecken sterben, ehe der Winter kommt. Sie haben aber Eier gelegt und damit für genügend Nachwuchs im nächsten Frühling gesorgt.

Die *Schnecken* ziehen sich an geschützte, frostfreie Plätze zurück. Mit Kalkschaum verschließen sie kunstvoll ihren Hauseingang. Das schützt sie vor dem Austrocknen.

Nacktschnecken – die ja kein Haus haben – legen im Herbst Eier und sterben dann. Die Frühlingssonne brütet die Eier aus und im Sommer gibt es wieder genug Schnecken.

Warum ziehen Vögel nach Süden?

Es gibt bei uns Hunderte von Vogelarten. Die meisten davon sind Zugvögel. Unsere Standvögel und Strichvögel (die ziehen nur ein bisschen weiter) suchen während des Winters überall Futter. Der Seidenschwanz erntet Ebereschen und Ziersträucher ab, der Kreuzschnabel holt sich die Samen aus den Zapfen der Nadelbäume.

Die Insektenfresser warten nicht, bis es mit den Kerbtieren ganz zu Ende geht. Wenn die Tage kürzer werden und die Temperaturen sinken, nehmen sie mehr Nahrung auf und lagern Fett an. Sie müssen den Anstrengungen des Vogelzuges gewachsen sein. Gut gerüstet fliegen sie dann in wärmere Gegenden und kommen im Frühling wieder zu uns zurück. Manche Vögel aus dem hohen Norden bleiben als Wintergäste bei uns in Mitteleuropa oder halten als Durchzügler bei uns Rast.

Der Flug nach Süden dauert unterschiedlich lange. Die meisten Vögel ziehen bei Nacht weiter. Tagsüber sind sie auf Futtersuche. Schwalben und Mauersegler haben es gut – sie fliegen mit offenem Schnabel und sammeln Insekten im Flug.

Wenn die Vögel im Frühling heimkehren, fliegen sie meist zügiger als im Herbst. Sie wollen ihre Brutgebiete bald erreichen.

Vögel werden beringt

Woher wissen wir so viel über den Vogelzug? Nun, es gibt Vogelwarten, wo Wissenschaftler sich eigens damit beschäftigen. Die Vögel werden eingefangen, man legt ihnen einen ganz leichten Aluminiumring ums Bein und lässt sie wieder frei. Wenn sie anderswo wieder auftauchen, lässt sich ihr Weg zurückverfolgen.

Welcher Vogel bleibt – welcher zieht weg?

Sperling, Spatz
Er bleibt schön zu Hause

Rotkehlchen
Einige überwintern hier, ein Teil fliegt nach Südfrankreich

Bachstelze
Sie zieht in die Mittelmeerländer

Hausschwalbe
Sie fliegt bis nach Südafrika

Der Herbst ist die Zeit der Nistkästen!

Jetzt werden neue Kästen gebastelt und aufgehängt. Aus den alten wird der Mist entfernt. Wie die Nistkästen von außen aussehen, ist nicht wichtig. Achte darauf, dass sie gut befestigt sind! Maja legt etwas trockenes Moos hinein.

Bau doch selbst einen Nistkasten! Hier unten hast du die Zeichnung. Als Material nimmst du 2 Zentimeter dickes ungehobeltes Holz. Das Dach darf ruhig einige Zentimeter überstehen.

Der hier abgebildete Kasten eignet sich für kleine Vögel wie z. B. Blaumeisen. Sie mögen einen Einschlupf von 2,6–2,8 Zentimetern; die größeren Kohlmeisen brauchen ein größeres Einflugloch und auch mehr Platz im Innern. Sitzstangen sind nicht ratsam. Katzen könnten dann zu leicht an die Vögel heran! Die Öffnung muss nach Osten oder Süden, also der Morgen- und Mittagssonne zu, liegen. Hänge die Kästen in einiger Entfernung voneinander auf.

Es ist gar nicht so schwierig, einen Nistkasten zu bauen. Säge ein 150 cm langes, 2-3 cm starkes, ungehobeltes Brett nach diesen Maßen zu:

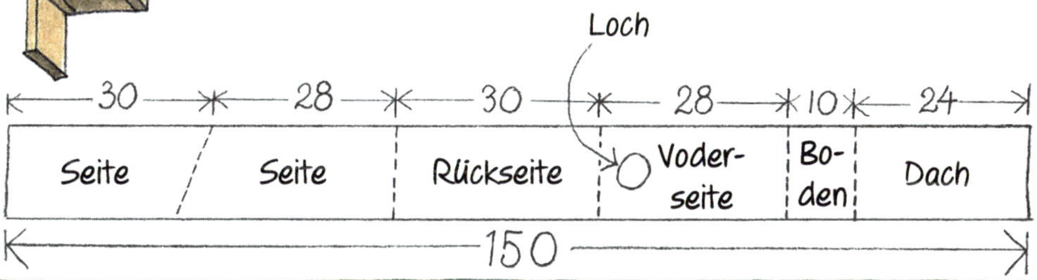

WINTER

Die drei Spatzen

In einem leeren Haselstrauch
da sitzen drei Spatzen, Bauch an Bauch.
Der Erich rechts und links der Franz
und mitten drin der freche Hans.
Sie haben die Augen zu, ganz zu,
und obendrüber da schneit es, hu!
Sie rücken zusammen dicht an dicht.
So warm wie der Hans hat's niemand nicht
Sie hören alle drei ihrer Herzlein Gepoch.
Und wenn sie nicht weg sind, so sitzen sie noch.

Christian Morgenstern

Vom Baum

Der Ahorn hat längst alle Blätter abgeworfen, aber ein paar Nasenzwicker wirst du hier und dort noch entdecken. Auf den dickeren Ästen bleibt der Schnee liegen. Dem Baum macht das aber nichts aus.

Von den Vögeln

Eine Amsel sitzt auf dem Ast und plustert sich auf, um warm zu bleiben. Kleinere Vögel suchen in Baumritzen und andern Verstecken nach Larven und Insekten. Aber auch der Eichelhäher und der Specht haben Hunger. Die Krähen krächzen laut und eine einsame Dohle hüpft über den Weg. Allzu viele Vögel gibt es nicht. Die meisten sind weitergezogen.

Von den Pflanzen

Heidekraut und Preiselbeere bleiben auch im Schnee grün. Die meisten Pflanzen aber sind verwelkt. Nur trockene Stängel ragen in die Luft. Viele Samenstände dienen jetzt den Vögeln als Nahrung.

Von den Insekten und anderen Tieren

Baumrinden sind ein gutes Versteck für Insekten. Die kleinen Vögel suchen emsig danach! Nur an sehr warmen Wintertagen verirrt sich mal eine Fliege ins Freie.

Der graubraune Feldhase läuft über den Schnee. Er ist gut zu sehen. Das behände Hakenschlagen ist sein einziger Schutz. Unter dem Schnee laufen Feldmäuse, Wühlmäuse und Spitzmäuse durch verzweigt gegrabene Gänge. Du findest ihre Spuren aber auch oben auf dem Schnee.

Spuren im Schnee

So frisst die Maus:
Ordentlicher Gast! Der Zapfen ist sauber abgefressen. Übrig bleibt nur die Mittelachse.

Das Eichhörnchen:
Etwas schlampig hinterlässt es seinen Essplatz. Es nagt Schuppen und Samen einfach ab.

Und der Specht:
Er behackt den Zapfen mit aller Gewalt, um an die Samen zu gelangen. Der Rest sieht recht zerzaust aus.

Fußspuren interessieren Maja sehr! Natürlich ist ihr aufgefallen, dass Tiere auch noch andere Spuren hinterlassen: Kothäufchen (Losung) oder Fressspuren wie abgenagte Zapfen. Sie kann also auch im Winter allerlei entdecken.

Zapfen sind als Futter beliebt. An dem, was übrig bleibt, erkennst du, welches Tier sich hier gesättigt hat.

Manchmal stecken in Baumrinden Haselnüsse mit einem großen Loch. Hier hat der Eichelhäher Mahlzeit gehalten. Mäuse fressen eben-

falls ein schönes, rundes Loch in die Nuss. Du kannst an der Schale die Nagespuren erkennen. Das Eichhörnchen dagegen knackt die Nüsse auf und hinterlässt leere Schalenhälften.

Vögel und Säugetiere holen sich auch Hagebutten, Äpfel und hängen gebliebene Birnen.

Trittspuren

Hasenspuren sind nicht allzu selten. Tagsüber versteckt sich der Hase in seiner Liegemulde. Man kann ihm recht nahe kommen, ehe er aus seiner Sasse aufspringt und wegrennt.

Fuchsspuren schlängeln sich über Äcker und Wegraine. Mäusejagd! Hundespur und Fuchsfährte ähneln sich sehr. Wo das Eichhörnchen nicht von Baum zu Baum springen kann, findest du seine lustigen Spuren im Schnee. Kleine Nagetiere ziehen auch Schwanzspuren zwischen den Fußabdrücken.

Hasenköttel hat Maja schon oft gesehen. Die Rehlosung sieht ähnlich aus, ist aber größer. Der Fuchs setzt seinen Kot gern auf Steinen oder Baumstümpfen ab. Verfolger können ihn hier der besseren Aussicht wegen nicht so leicht überraschen.

Auch im Winter

Die meisten Pflanzen verwelken. Nur ihre unterirdischen Teile leben weiter. Alle Knospen sind unter dem Schnee schon voll ausgebildet. Im Frühling werden sie aufblühen. Leberblümchenknospen ducken sich wie runde Bällchen fest an den Boden.

Wachsen Blumen auch an sonnigen Wintertagen?

Selbst mitten im Winter kann es schöne, sonnenwarme Tage geben. Trotzdem blühen die Blumen nicht auf.
Alle Pflanzen brauchen Winterruhe, ehe ihre Knospen sich voll entwickeln. Hole dir im Dezember einen Kirschzweig, eine Birken- oder Haselrute ins Zimmer. Stelle jede Woche einen neuen Zweig dazu in die Vase. Anfangs hast du vielleicht kein Glück. Aber irgendwann schlagen die Knospen im warmen Zimmer aus.

Sieh dir ein Wespennest an!

Maja hat auf dem Dachboden ein leeres Wespennest entdeckt und es abgenommen. Die Wespen bauen nächstes Jahr sowieso ein neues. Das Nest ist in mehreren Stockwerken mit Stützpfeilern kunstvoll gebaut. Es wiegt fast nichts, ist aber sehr widerstandsfähig. Baumaterial ist klein gekautes Holz, also eine Papiermasse.

Schnäbel geradeaus!

Bei Sturm stehen die Möwen mit dem Schnabel gegen den Wind auf dem Eis. Dabei werden die Federn eng an den Körper gedrückt. Stünden sie anders, könnte der Wind ins Federkleid fahren und die körperwarme Lufthülle zerstören. So aber brauchen die Vögel nicht zu frieren.

ist allerhand los!

Die Eule

Sie ist ein Nachtjäger. Sie sieht selbst bei schwächstem Licht sehr gut und hat ein besonders fein ausgebildetes Gehör. Nicht einmal unter dem Schnee kann sich ein Mäuschen vor ihr verbergen. Zielsicher schlägt der Vogel zu!

Eulen fliegen fast lautlos. Ihre Deckfedern sind am Rand nicht verhakt. Die Luft wird sozusagen durchgesiebt.

Bienen wärmen sich gegenseitig

Die Bienen überwintern im Bienenstock. Wie eine Traube sitzen sie dicht aneinander, um die Körperwärme zu speichern. Wird es kälter, tauschen die außen sitzenden Bienen mit denen aus der Mitte den Platz. Alle fächeln mit den Flügeln. Dadurch steigt die Temperatur. Im Bienenstock ist es selbst im allerstrengsten Winter nie kälter als 12 Grad über null.

Hol mal welke Blätter ins Haus!

Maja hat Schnee geschaufelt und einen Plastikbeutel voll Laub mit ins Haus genommen. Sie hat alles auf einem Tablett ausgebreitet. Zuerst war gar nichts los. Dann aber wurde es auf einmal lebendig. Was kroch da nicht alles herum!

Hilf den Tieren über den Winter

Im strengen Winter leiden viele Tiere Not.

Vögel kommen auf Futtersuche in die Nähe der Häuser. Stelle ihnen ein Vogelhaus vors Fenster. Es ist gar nicht schwierig zu basteln. Draußen hänge es möglichst im Gebüsch auf, um Katzen und Greifvögel fernzuhalten.

Im Herbst hat Maja Vogelbeeren gesammelt und in die Kühltruhe gelegt. Jetzt, wo die Vögel wenig Futter finden, hängt sie die Beeren draußen auf.

Am besten fütterst du Sonnenblumenkerne, Hirse und Hafer. Äpfel unter der Futterstelle erfreuen Amseln (und Mäuse).

Eins darfst du aber nicht vergessen! Hast du einmal angefangen, Tiere zu füttern, darfst du erst nach der Schneeschmelze, wenn der Boden frostfrei ist, wieder damit aufhören. Die Tiere verlassen sich auf dich und kommen um, wenn du nachlässig bist!

Es macht unendlich viel Spaß, die munteren, verschiedenartigen Vögel zu beobachten. Maja bekommt Besuch von Spatzen, Kohlmeisen, Blaumeisen, Kleibern, Grünfinken, Dompfaffen, Seidenschwänzen und Amseln. Und wer kommt zu dir?

Willst du mehr wissen?

Es gibt eine große Anzahl Naturführer. Nimm auf deine Streifzüge ein Pflanzenbestimmungsbuch mit, in dem du alle Blumen wiederfindest. Das ist immer gut. Auch ein Vogelbuch macht viel Freude. Sicher gibt es in deiner Öffentlichen Bücherei Möglichkeiten, etwas auszuleihen. Gleichzeitig kannst du anfangen, dir eine eigene kleine Bibliothek anzulegen.

Von der Grafikerin Lena Anderson sind zwei weitere naturkundliche Bücher bei cbj lieferbar – Autorin ist diesmal Christina Björk:

Linnea und die schnellste Bohne der Stadt

Wir pflanzen Kerne, Samen und Früchte.

64 Seiten mit durchgängig vierfarbigen Illustrationen.

ISBN 978-3-570-05634-9

Linneas Jahrbuch

64 Seiten mit durchgängig vierfarbigen Illustrationen.

ISBN 978-3-570-00633-7